De la brevedad de la vida

De la brevedad de la vida

Copyright © 2024 por Stanford Publishing

Contacto: info@stanfordpub.com

stanfordpub.com

I

La mayor parte de los hombres, oh, Paulino, se queja de la naturaleza, culpándola de que nos haya criado para edad tan corta, y que el espacio que nos dio de vida corra tan veloz, que vienen a ser muy pocos aquellos a quien no se les acaba en medio de las prevenciones para pasarla. Y no es sola la turba del imprudente vulgo la que se lamenta de este opinado mal; que también su afecto ha despertado quejas en los excelentes varones, habiendo dado motivo a la ordinaria exclamación de los médicos, que siendo corta la vida, es largo y difuso el arte. De esto también se originó la querella (indigna de varón sabio) que Aristóteles dio, que siendo la edad de algunos animales brutos tan larga, que en unos llega a cinco siglos y en otros a diez, sea tan corta y limitada la del hombre, criado para cosas tan superiores. El tiempo que tenemos no es corto; pero perdiendo mucho de él, hacemos que lo sea, y la vida es suficientemente larga para ejecutar en ella cosas grandes, si la empleáremos bien. Pero al que se le pasa en ocio y en deleites, y no la ocupa en loables ejercicios, cuando le llega el último trance, conocemos que se le fue, sin que él haya entendido que caminaba. Lo cierto es que la vida que se nos dio no es breve, nosotros hacemos que lo sea; y que no somos pobres, sino pródigos del tiempo; sucediendo lo que a las grandes y reales riquezas, que si llegan a manos de dueños poco cuerdos, se disipan en un instante; y al contrario, las cortas y limitadas, entrando en poder de próvidos administradores, crecen con el uso. Así nuestra edad tiene mucha latitud para los que usaren bien de ella.

II

¿Para qué nos quejamos de la naturaleza, pues ella se hubo con nosotros benignamente? Larga es la vida, si la sabemos aprovechar. A uno detiene la insaciable avaricia, a otro la cuidadosa diligencia de inútiles trabajos; uno se entrega al vino, otro con la ociosidad se entorpece; a otro fatiga la ambición pendiente siempre de ajenos pareceres; a unos lleva por diversas tierras y mares la despeñada codicia de mercancías, con esperanzas de ganancia; a otros atormenta la militar inclinación, sin jamás quedar advertidos con los ajenos peligros ni escarmentados con los propios. Hay otros que en veneración no agradecida de superiores consumen su edad en voluntaria servidumbre; a muchos detiene la emulación de ajena fortuna, o el aborrecimiento de la propia; a otros trae una inconstante y siempre descontenta liviandad, vacilando entre varios pareceres; y algunos hay que no agradándose de ocupación alguna a que dirijan su carrera, los hallan los hados marchitos, y voceando de tal manera, que no dudo ser verdad lo que en forma de oráculo dijo el mayor de los poetas: pequeña parte de vida es la que vivimos: porque lo demás es espacio, y no vida, sino tiempo. Por todas partes los cercan apretantes vicios, sin dar lugar a que se levanten jamás, y sin permitir que pongan los ojos en el rostro de la verdad; y teniéndolos

6

sumergidos y asídos en sus deseos, los oprimen. Nunca se les da lugar a que vuelvan sobre sí, y si acaso tal vez les llega alguna no esperada quietud, aun entonces andan fluctuando, sucediéndoles lo que al mar, en quien después de pacificados los vientos quedan alteradas las olas, sin que jamás les solicite el descanso a dejar sus deseos. ¿Piensas que hablo de sólos aquellos cuyos males son notorios? Pon los ojos en los demás, a cuya felicidad se arriman muchos, y verás que aun éstos se ahogan con sus propios bienes. ¿A cuántos son molestas sus mismas riquezas? ¿A cuántos ha costado su sangre el vano deseo de ostentar su elocuencia en todas ocasiones? ¿Cuántos con sus continuos deleites se han puesto pálidos? ¿A cuántos no ha dejado un instante de libertad el frecuente concurso de sus paniaguados? Pasa, pues, desde los más ínfimos a los más empinados, y verás que éste ahoga, el otro asiste, aquél peligra, éste defiende, y otro sentencia, consumiéndose los unos en los otros. Pregunta la vida de estos cuyos nombres se celebran, y verás que te conocen por las señales, que éste es reverenciador de aquél, aquél del otro, y ninguno de sí. Con lo cual es ignorantísima la indignación de algunos que se quejan del sobrecejo de los superiores cuando no los hallan desocupados yendo a visitarlos. ¿Es posible que los que, sin tener ocupación, no están jamás desocupados para sí mismos, han de tener atrevimiento para condenar por soberbia lo que quizá es falta de tiempo? El otro, séase el que se fuere, por lo menos tal vez, aunque con rostro mesurado puso los ojos en ti, tal vez te oyó, y tal vez te admitió a su lado, y tú jamás te has dignado de mirarte ni oírte.

III

No hay para qué cargues a los otros estas obligaciones, pues cuando fuiste a buscarlos, no fue tanto para estar con ellos, cuanto porque no podías estar contigo. Aunque concurran en esto todos los ingenios que resplandecieron en todas las edades, no acabarán de ponderar suficientemente esta niebla de los humanos entendimientos. No consienten que nadie les ocupe sus heredades; y por pequeña que sea la diferencia que se ofrece en asentar los linderos, vienen a las piedras y las armas; y tras eso, no sólo consienten que otros se les entren en su vida, sino que ellos mismos introducen a los que han de ser poseedores de ella. Ninguno hay que quiera repartir sus dineros, habiendo muchos que distribuyen su vida: muéstranse miserables en guardar su patrimonio, y cuando se llega a la pérdida de tiempo, son pródigos de aquello en que fuera justificada la avaricia. Deseo llamar alguno de los ancianos, y pues tú lo eres, habiendo llegado a lo último de la edad humana, teniendo cerca de cien años o más, ven acá, llama a cuentas a tu edad. Dime, ¿cuánta parte de ella te consumió el acreedor, cuánta el amigo, cuánta la República y cuánta tus allegados, cuánta los disgustos con tu mujer, cuánta el castigo de los esclavos, cuánta el apresurado paseo por la ciudad? Junta a esto las enfermedades tomadas con tus manos, añade el tiempo que se pasó en ociosidad, y hallarás que tienes muchos menos de los que cuentas. Trae a la memoria si tuviste algún día firme determinación, y si le pasaste en aquello para que le habías destinado. Qué uso tuviste de ti mismo, cuándo estuvo en un ser el rostro, cuándo el ánimo sin temores; qué cosa hayas hecho para ti en tan larga edad; cuántos hayan sido los que te han robado la vida, sin entender tú lo que perdías; cuánto tiempo te han quitado el vano dolor, la ignorante alegría, la hambrienta codicia y la entretenida conversación: y viendo lo poco que a ti te has dejado de ti, juzgarás que mueres malogrado.

IV

¿Cuál, pues, es la causa de esto? El vivir como si hubiéras de vivir para siempre, sin que tú fragilidad te despierte. No observas el tiempo que se te ha pasado, y así gastas de él como de caudal colmado y abundante, siendo contingente que el día que tenéis determinado para alguna acción sea el último de vuestra vida. Temen como mortales todas las cosas, y como inmortales las desean. Oirás decir a muchos que en llegando a cincuenta años se han de retirar a la quietud, y que el de sesenta les jubilará de todos los oficios y cargos. Dime, cuando esto propones, ¿qué seguridad tienes de más larga vida? ¿Quién te consentirá ejecutar lo que dispones? ¿No te avergüenzas de reservarte para las sobras de la vida, destinando a la virtud sólo aquel tiempo que para ninguna cosa es de provecho? ¡Oh, cuán tardía acción es comenzar la vida cuando se quiere acabar! ¡Qué necio olvido de la mortalidad es diferir los santos consejos hasta los cincuenta años, comenzando a vivir en edad a que son pocos los que llegan! A muchos de los poderosos que ocupan grandes puestos, oirás decir que codician la quietud, que la alaban y la prefieren a todos los bienes; que desean (si con seguridad lo pudiesen hacer) bajar de aquella altura; porque cuando falten males exteriores que les acometan y combatan, la misma buena fortuna se cae de suyo.

V

El divino Augusto, a quien los dioses concedieron más bienes que a otro alguno, andaba siempre deseando la quietud, y pidiendo le descargasen del peso de la república. Todas sus pláticas iban enderezadas a prevenir descanso, y con este dulce aunque fingido consuelo de que algún día había de vivir para sí, entretenía sus trabajos. En una carta que escribió al Senado, en que prometía que su descanso no sería desnudándose de la dignidad, ni desviándose de su antigua gloria, hallé estas palabras: "Aunque estas cosas se pueden hacer con más gloria que prometerse; pero la alegría de haber llegado al deseado tiempo, me ha puesto tan adelante, que aunque hasta ahora me detiene el gusto de los buenos sucesos, me recreo y recibo deleite con la dulzura de estas pláticas." De tan grande importancia juzgaba ser la quietud, que ya no podía conseguirla se deleitaba en proponerla. Aquel que veía pender todas las cosas de su voluntad, y el que hacía felices a todas las naciones; ese cuidaba gustoso del día en que se había de desnudar de aquella grandeza. Conocía con experiencia cuánto sudor le habían costado aquellos bienes, que en todas partes resplandecen, y cuánta parte de encubiertas congojas encierran, habiéndose hallado forzado a pelear primero con sus ciudadanos, después

10

con sus compañeros, y últimamente con sus deudos, en que derramando sangre en mar y tierra, acosado por Macedonia, Sicilia, Egipto, Siria y Asia, y casi por todas las demás provincias del orbe, pasó a batallas externas los ejércitos cansados de mortandad romana, mientras pacifica los Alpes, y doma los enemigos mezclados en la paz y en el Imperio; y mientras ensancha los términos pasándolos del Reno, Éufrates y Danubio, se estaban afilando contra él en la misma ciudad de Roma las espadas de Murena, de Scipión, de Lépido y los Egnacios, y apenas había deshecho las asechanzas de éstos, cuando su propia hija y muchos mancebos nobles, atraídos con el adulterio como si fuera con juramento, ponían temor a su quebrantada vejez: después de lo cual le quedaba una mujer a quien temer otra vez con Antonio. Cortaba estas llagas, cortando los miembros, y al punto nacían otras; y como en cuerpo cargado con mucha sangre, se alteraban siempre algunas partes de él. Finalmente deseaba la quietud, y en la esperanza y pensamiento de ella descansaban sus trabajos. Éste era el deseo de quien podía hacer que todos consiguiesen los suyos. Marco Tulio Cicerón, perseguido de los Catilinas, Clodios, Pompeyos y Crasos, los unos enemigos manifiestos, y otros no seguros amigos; mientras arrimando el hombro tuvo a la república que se iba a caer, padeció con ella tormentas; apartado finalmente, y no quieto con los prósperos sucesos, y mal sufrido con los adversos, abominó muchas veces de aquel su consulado tan sinfín, aunque no sin causa alabado. ¡Qué lamentables palabras pone en una carta que escribió a Ático después de vencido Pompeyo, y estando su hijo rehaciendo en España las quebrantadas armas! "Pregúntasme (dice) qué hago aquí? Estoyme en mi Tusculano medio libre". Y añadiendo después otras razones, en que lamenta la edad pasada, se queja de la presente y desconfía de la venidera. Llamóse Cicerón medio libre, y verdaderamente no le convenía tomar tan abatido apellido, pues el varón sabio no es medio libre, siempre goza de entera y sólida libertad: y siendo suelto, y gozando de su derecho, sobrepuja a los demás, no pudiendo haber quien tenga dominio en aquel que tiene imperio sobre la fortuna.

VI

Habiendo Livio Druso, hombre áspero y vehemente, removido las nuevas leyes y los daños de Graco, estando acompañado de grande concurso de toda Italia, no habiendo antevisto el fin de las cosas, que no podía ejecutar, ni tenía libertad para retroceder en ellas, detestando su vida desde la niñez inquieta, se cuenta que dijo que él solo era quien siendo muchacho no había tenido un día de descanso. Atrevióse antes de salir de la edad pupilar y de quitarse la ropa pretexta a favorecer con los jueces las causas de los culpados, interponiendo su favor con tanta eficacia, que consta haber violentado algunos pareceres. ¿Hasta dónde no había de llegar tan anticipada ambición? Claro está que aquella tan acelerada audacia había de parar en grande mal particular y público. Tarde, pues, se quejaba de que no había tenido un día de quietud, habiendo sido sedicioso desde niño y pesado a los Tribunales. Se dudaba si se mató él mismo: porque cayó habiendo recibido una repentina herida en la ingle; dudando alguno si en él fue la muerte voluntaria o venida en sazón. Superfluo será el referir muchos que siendo tenidos de los demás por dichosísimos, dieron ellos mismos verdadero testimonio de sí; pero en estas quejas ni se enmendaron, ni enmendaron a

12

otros: porque al mismo tiempo que las publicaban con palabras, volvían los afectos a su antigua costumbre. Lo cierto es que aunque llegue nuestra vida a mil años, se reduce a ser muy corta. En cada siglo se consumen todas las cosas, siendo forzoso que este espacio de tiempo en que, aunque corre la naturaleza, la apresura la razón, se nos huya con toda ligereza: porque ni impedimos ni detenemos el curso de la cosa más veloz, antes consentimos se vaya como si no fuere necesaria y se pudiese recuperar. En primer lugar pongo aquellos que jamás están desocupados sino para el vino y Venus, porque éstos son los más torpemente entretenidos; que los demás que pecan engañados con apariencia de gloria vana, yerran con cubierta de bien. Ora me hables de los avarientos, ora de los airados, ora de los guerreros, todos éstos pecan más varonilmente; pero la mancha de los inclinados a sensualidad y deleites es torpe. Examina los días de éstos, mira el tiempo que se les va en contar, en acechar, en temer, en reverenciar, y cuánto tiempo les ocupan sus conciertos y los ajenos, cuánto los convites (que ya vienen a tenerse por oficio), y conocerás que ni sus males ni sus bienes los dejan respirar: finalmente, es doctrina comúnmente recibida que ninguna acción de los ocupados en estas cosas puede ser acertada, no la elocuencia ni las artes liberales; porque el ánimo estrechado no es capaz de cosas grandes, antes las desecha como holladas; y el hombre ocupado en ninguna cosa tiene menor dominio que en su vida, por ser dificultosísima la ciencia de vivir.

VII

De las demás artes dondequiera se encuentran muchos profesores, y algunas hay que aun los muy niños las han aprendido de modo que las pudieran enseñar; mas la de vivir, toda la vida se ha de ir estudiando, y lo que más se debe ponderar es que toda ella se ha de gastar en aprender a morir. Muchos grandes varones, habiendo dejado todos los embarazos, renunciando las riquezas, oficios y entretenimientos, no se ocuparon en otra cosa hasta el remate de su vida, sino en el arte de saber vivir: y muchos de ellos murieron confesando que aún no habían llegado a conseguirlo: ¿cómo, pues, lo sabrán los que no lo estudian? Créeme que es de hombres grandes, y que sobrepujan a los humanos errores, no consentir que se les usurpe un instante de tiempo, con lo cual viene a ser larguísima su vida, porque todo lo que ella se extendió fue para ellos, no consintiendo hubiese cosa ociosa y sin cultivar; no entregaron parte alguna al ajeno dominio, porque no hallaron equivalente recompensa con que permutar el tiempo; y así fueron vigilantísimos guardadores de él, con lo cual les fue suficiente: al contrario, es forzoso les falte a los que el pueblo ha quitado mucha parte de la vida. Y no entiendas que éstos dejan de conocer que de aquella causa les procede este daño: a muchos de éstos, a quien la grande felicidad apesga, oirás exclamar entre la caterva de sus paniaguados, o en el despacho de los negocios, o en las demás honrosas miserias, que no les es permitido vivir. ¿Qué maravilla que no se les permita? Todos aquellos que se te allegan te apartan de ti. ¿Cuántos días te quitó el preso, cuántos el pretendiente, cuántos la vieja cansada de enterrar herederos, cuántos el que se fingió enfermo para despertar la avaricia de los que codician su herencia, cuántos el amigo poderoso que te tiene, no para amistad sino para ostentación? Haz (te ruego) un avanzo, y cuenta los días de tu vida y verás cuán pocos y desechados han sido los que has tenido para ti. El otro que llegó a conseguir el consulado que tanto pretendió, desea dejarlo y dice: "¿Cuándo se acabará este año?" Tiene el otro a su cargo las fiestas, habiendo hecho gran aprecio de que le cayó por suerte la comisión, y dice: "¿Cuándo saldré de este cuidado?" Escogen a uno para abogado entre todos los demás, y llénase el Tribunal de gente para oírle, aun hasta donde no alcanza su voz, y dice: "¿Cuándo se acabará de sentenciar este pleito?" Cada cual precipita su vida, trabajando con el deseo de lo futuro y con el hastío de lo presente. Pero aquel que aprovecha para sí todo su tiempo, y el que ordena todos sus días para que le sean de vida, ni desea ni teme al día venidero: porque ¿qué cosa le puede arrancar que le sea disgusto? Conocidas tiene con hartura todas las cosas; en lo demás disponga la fortuna como quisiere, que ya la vida de éste está en puerto seguro; podrásele añadir algo, pero quitar no; sucediéndole lo que al estómago, que estando satisfecho, y no cargado, admite algún manjar sin haberle apetecido.

VIII

No juzgues, pues, que alguno ha vivido mucho tiempo por verle con canas y con arrugas; que aunque ha estado mucho tiempo en el mundo, no ha vivido mucho. ¿Dirás tú, por ventura, que navegó mucho aquel que habiendo salido del puerto le trajo la cruel tempestad de una parte a otra, y forzado de la furia de encontrados vientos, anduvo dando bordos en un mismo paraje? Éste, aunque padeció mucho, no navegó mucho. Me suelo admirar cuando veo algunos que piden tiempo, y que los que lo han de dar se muestran fáciles. Los unos y los otros ponen la mira en el negocio para que se pide el tiempo, pero no la ponen en el mismo tiempo; y como si lo que se pide y lo que se da fuera de poquísimo valor, se desprecia una cosa tan digna de estimación. Engáñalos el ver que el tiempo no es cosa corpórea, ni se deja comprender con la vista, y así le tienen por cosa vilísima y de ningún valor. Algunos carísimos varones reciben gajes de otros, y por ellos alquilan su trabajo, su cuidado y su diligencia; pero del tiempo no hay quien haga aprecio: usan de él pródigamente, como de cosa dada gratuitamente. Pon los ojos en los que esto hacen, y míralos cuando están enfermos, y cuando se les acerca el peligro de la muerte y temen el capital suplicio, y verás que dicen, tocando las rodillas de los médicos, que están dispuestos a dar toda su hacienda por conservar la vida: tan diversa es en ellos la discordia de los afectos. Y si como podemos traer a cada uno a la memoria el número de los años que se le han pasado, pudiésemos tener certeza de los que le quedan, ¡oh cómo temblarían aquellos a quien les quedasen pocos, y cómo huirían de disiparlos! La disposición de lo que es cierto, aunque sea poco, es fácil; pero conviene guardar con mayor diligencia aquello que no sabes cuándo se te ha de acabar. Y no pienses que ellos ignoran que el tiempo es cosa preciosa, pues para encarecer el amor que tienen a los que aman mucho, les suelen decir que están prontos a darles parte de sus años. Lo cierto es que, sin entenderlo se los dan; pero los dan quitándoselos a sí mismo, sin que se acrezcan a los otros; pero como ignoran lo que pierden, les viene a ser más tolerable la pérdida del no entendido daño. No hay quien pueda restituirte los años, y ninguno te restituirá a ti mismo: la edad proseguirá el camino que comenzó, sin volver atrás ni detenerse; no hará ruido ni te advertirá de su velocidad; pasará con silencio; no se prorrogará por mandado de los reyes ni por el favor del pueblo, correrá desde el primer día como se le ordenó; en ninguna parte tomará posada ni se detendrá. ¿Qué se seguirá de esto? Que mientras tú estás ocupado huye aprisa la vida, llegando la muerte, para la cual, quieras o no quieras, es forzoso desocuparte.

IX

¿Por ventura alguno (hablo de aquellos que se precian de prudentes), viviendo con más cuidado, podrá conseguir el vivir con más descanso? Disponen la vida haciendo cambios y recambios de ella, y extienden los pensamientos a término largo, consintiendo la mayor pérdida de la vida en la dilación: ella nos saca de las manos el primer día, ella nos quita las cosas presentes, mientras nos está ofreciendo las futuras: siendo gran estorbo para la vida la esperanza; que pende de lo que ha de suceder mañana. Pierdes lo presente y, disponiendo de lo que está en las manos de la fortuna, dejas lo que está en las tuyas. ¿A dónde pones la mira? ¿Hasta dónde te extiendes? Todo lo que está por venir, es incierto. Vive desde luego, y advierte que el mayor de los poetas, como inflamado de algún divino oráculo, cantó aquel saludable verso: "El mejor día de la primera edad es el primero que huye a los mortales". ¿Cómo te detienes? (dice). ¿Cómo tardas? El tiempo huye si no le ocupas; y aunque lo ocupes, huye; y así, se ha de contrastar su celeridad con la presteza de aprovecharle, cogiendo con prisa el agua como de arroyo rápido que en pasando la corriente queda seco. También es muy a propósito para condenar los pensamientos prolongados, que no llamó buena a la edad, sino al día.

X

¿Cómo, pues, en tan apresurada huida del tiempo quieres tú con seguridad y pereza extender en una larga continuación los meses y los años, regulándolos a tu albedrío? Advierte que el poeta habló contigo cuando habló del día, y del día que huye. No se debe, pues, dudar que huye el primero buen día a los miserables y ocupados hombres, cuyos pueriles ánimos oprime la vejez, llegando a ella desapercibidos y desarmados. No hicieron prevenciones, y dieron de repente en sus manos, no echando de ver que cada día se les iba acercando; sucediéndoles lo que a los caminantes, que entretenidos en alguna conversación o alguna lectura, o algún interior pensamiento, echan de ver que han llegado al lugar antes que entendiesen estaban cerca. Asi este continuo y apresurado viaje de la vida, en que vamos a igual paso los dormidos y los despiertos, no lo conocen los ocupados sino cuando se acabó.

XI

Si hubiera de probar con ejemplos y argumentos lo que he propuesto, ocurriéranme muchos con que hacer evidencia que la vida de los ocupados es brevísima. Solía decir Fabiano (no de estos filósofos de cátedra, sino de los verdaderos y antiguos) que contra las pasiones se había de pelear con ímpetu y no con sutileza, ahuyentando el escuadrón de los afectos, no con pequeños golpes, sino con fuertes encuentros; porque para deshacerle no bastan ligeras escaramuzas, sino heridas que corren. Mas para avergonzarlos de sus culpas, no basta condolernos de ellos; menester es enseñarles. En tres tiempos se divide la vida: en presente, pasado y futuro. De éstos, el presente es brevísimo, el futuro dudoso, el pasado cierto; porque éste, que con ningún imperio puede volver atrás, y en él perdió ya su derecho la fortuna, es el que no gozan los ocupados, por faltarles tiempo para poner los ojos en lo pasado; y si tal vez le tienen, es desabrida la memoria de las cosas pasadas, porque contra su voluntad reducen al ánimo los tiempos mal empleados, sin tener osadía de acordarse de ellos; porque los vicios que con algún halago de deleite presente se iban entrando con disimulación, se manifiestan con la memoria de los pasados. Ninguno otro, sino aquel que reguló sus acciones con el nivel de la buena conciencia (que jamás se deja engañar culpablemente), hace con gusto reflexión en la vida pasada; pero el que con ambición deseó muchas cosas, el que las despreció con soberanía y las adquirió con violencia, el que engañó con asechanzas, robó con avaricia y despreció con prodigalidad, es forzoso tema a su misma memoria. Esta parte del tiempo pasado es una cosa sagrada y delicada, libre ya de todos los humanos acontecimientos, y exenta del imperio de la fortuna, sin que le aflijan pobreza o miedo, ni el concurso de varias enfermedades. Ésta no puede inquietarse ni quitarse, por ser su posesión perpetua y libre de recelos. El tiempo presente es sólo de días singulares, y su presencia consiste en instantes. Pero los días del tiempo pasado, siempre que se lo mandares, parecerán en tu presencia, consintiendo ser detenidos para ser residenciados a tu albedrío; si bien para este examen falta tiempo a los ocupados; que el discurrir sobre toda la vida pasada, es dado solamente a los entendimientos quietos y sosegados. Los ánimos de los entretenidos están como debajo de yugo; no pueden mirarse ni volver la cabeza. Anegóse, pues, su vida, y aunque le añadas lo que quisieres, no fue de más provecho que lo es la nada, si no exceptuaron y reservaron alguna parte. De poca importancia es el darles largo tiempo, si no hay en qué haga asiento y se guarde; piérdeseles por los rotos y agujereados ánimos. El tiempo presente es brevísimo, de tal manera, que algunos dicen que no le hay, porque siempre está en veloz carrera; corre y precipítase, y antes deja de ser que haya llegado, sin ser más capaz a detenerse que el orbe y las estrellas, cuyo movimiento es sin descanso y sin pararse en algún lugar. No gozan, pues, los ocupados más que del tiempo presente, el cual es tan breve, que no se puede comprender, y aun éste se les huye estando ellos distraídos en diversas cosas.

XII

¿Quieres, finalmente, saber lo poco que viven? Pues mira lo mucho que desean vivir. Mendigan los viejos decrépitos, a fuerza de votos, el aumento de algunos pocos años. Fíngense de menos edad, y lisonjéanse con la mentira; engáñanse con tanto gusto como si juntamente engañaran a los hados. Pero cuando algún accidente les advierte la mortalidad, mueren como atemorizados, no como los que salen de la vida, sino como excluidos de ella. Dicen a voces que fueron ignorantes en no haber vivido, y que si escapan de aquella enfermedad, han de vivir en descanso; conocen entonces cuán en vano adquirieron los bienes que no han de gozar, y cuán perdido fue todo afán. Pero ¿qué cosa estorba que la vida de los que la pasan apartados de negocios no sea larga? Ninguna parte de ella se emplea en diferente fin, nada se desperdicia, nada se da a la fortuna, nada con negligencia se pierde, nada se disminuye con dádivas, nada hay infructuoso; y para decirlo en una palabra, toda ella está dando réditos, y así, por pequeña que sea, es suficiente. De que se seguirá que cada y cuando que al varón sabio se llegare el último día, no se detendrá en ir a la muerte con paso deliberado. ¿Preguntarásme, por ventura, a qué personas llamo ocupadas? No pienses que hablo sólo de aquellos que para que desocupen los tribunales es necesario soltar los perros, y que tienen por honrosos los encontrones que les dan los que los siguen, y por afrentosos los que reciben de los que no les acompañan, ni aquellos a quienes sus oficios los sacan de sus casas para chocar con las puertas ajenas, ni aquellos a quienes enriquece la vara del juez con infames ganancias, que tal vez crían postema. El ocio de algunos está ocupado en su aldea o en su cama; pero en medio de la soledad, aunque se apartaron de los demás, ellos mismos se son molestos; y así de éstos no hemos de decir que tienen vida descansada, sino ocupación ociosa.

XIII

¿Llamarás tú desocupado al que gasta la mayor parte del día
en limpiar con cuidadosa solicitud los vasos de Corinto, estimados por la locura de algunos, y en quitar el orín a las
mohosas medallas? ¿Al que sentado en el lugar de las luchas
está mirando las pendencias de los mozos? Porque ya (¡oh,
grave mal!) no sólo enfermamos con vicios romanos. ¿Al que
está apareando los rebaños de sus esclavos, dividiéndolos por
edades y colores, y al que banquetea a los que vencen en
la lucha? ¿Por qué llamas descansados a aquellos que pasan
muchas horas con el barbero mientras les corta el pelo que
creció la noche pasada, y mientras se hace la consulta sobre cualquiera cabello, y mientras las esparcidas guedejas se
vuelven a componer, o se compele a los desviados pelos que
de una y otra parte se junten para formar copete? Por cualquier descuido del barbero se enojan como si fueran varones;
enfurécense si se les cortó un átomo de sus crines, o si quedó
algún cabello fuera de orden, y si no entraron todos en los
rizos. ¿Cuál de éstos no quieres más que se descomponga la
paz de la república que la compostura de su cabello? ¿Cuál
no anda más solícito en el adorno de su cabeza que en la sa-
lud del Imperio, preciándose más de lindo que de honesto?
¿A éstos llamas tú desocupados, estando tan ocupados entre
el peine y el espejo? ¿Pues qué dirás de aquellos que trabajan
en componer, oír y aprender tonos, mientras con quiebras
de necísima melodía violentan la voz que naturaleza les dio,
con un corriente claro, bueno y sin artificio? ¿Aquellos cuyos dedos midiendo algún verso están siempre haciendo son?
¿Aquellos que llamados para cosas graves y tristes se les oye

22

una tácita música? Todos éstos no tienen ocio, sino perezoso negocio. Tampoco pondré convites de éstos entre los tiempos desocupados, viéndolos tan solícitos en componer los aparadores, en aliñar las libreas de sus criados, que suspensos están en cómo vendrá partido el jabalí por el cocinero, con qué presteza han de acudir los pajes a cualquier seña, con cuánta destreza se han de trinchar las aves en no feos pedazos, cuán curiosamente los infelices mozuelos limpian la saliva de los borrachos. Con estas cosas se afecta granjear fama de curiosos y espléndidos, siguiéndoles de tal modo sus vicios hasta el fin de la vida, que ni beben ni comen sin ambición. Tampoco has de contar entre los ociosos a los que se hacen llevar de una parte a otra en silla o en litera, saliendo al encuentro a las horas del paseo, como si el dejarle no les fuera lícito. Otro les advierte cuándo se han de lavar, cuándo se han de bañar, cuándo han de cenar; y llega a tanto la enfermedad de ánimo relajado y dejativo, que no pueden saber por sí si acaso tienen hambre. Oí decir de uno de estos delicados (si es que se puede llamar deleite ignorar la vida y costumbres de los hombres) que habiéndole sacado de un baño en brazos, y sentádole en una silla, que dijo, preguntando, si estaba sentado. ¿Piensas tú que este que ignora si está sentado, sabe si vive, si ve y si está ocioso? No sé si me compadezca más de que lo ignorase o de que fingiese ignorarlo. Muchas son las cosas que ignoran, y muchas en las que imitan la ignorancia; deléitanles algunos vicios, y teniéndolos por argumento de su felicidad, juzgan que es de hombres bajos el saber lo que han de hacer. Dirás que los poetas han fingido muchas cosas para zaherir las demasías. Pues créeme, que es mucho más lo que se les pasa por alto, que lo que fingen; habiendo en este nuestro infeliz siglo (para sólo esto ingenioso) pasado tan adelante la abundancia de increíbles vicios, que podemos llegar a condenar la negligencia de las sátiras, habiendo alguno tan muerto en sus deleites, que someta a juicio ajeno el saber si está sentado o no.

XIV

Éste, pues, no se debe llamar ocioso; otro nombre se le ha de poner: enfermo está, o por ejemplo decir, muerto. Ocioso es el que conoce su oficio; pero el que para entender sus acciones corporales necesita de quien se las advierta, éste solamente es medio vivo. ¿Cómo tendrá dominio en el tiempo? Sería prolijidad referir todos aquellos a quienes los dados, el ajedrez, la pelota, o el cuidado de curtirse al sol, les consume la vida. No son ociosos aquellos cuyos deleites los traen afanados, y nadie duda que los que se ocupan en estudios de letras inútiles, de que ya entre los romanos hay muchos, fatigándose no poco, obran nada. Enfermedad fue de los griegos investigar qué número de remeros tuvo Ulises; si se escribió primero la Ilíada o la Odisea; si son entrambos libros de un mismo autor, con otras impertinencias de esta calidad, que calladas, no ayudan a la conciencia, y dichas, no dan opinión de más docto, sino de más enfadoso. Advierte cómo se ha ido apoderando de los romanos la inútil curiosidad de aprender lo no necesario. Estos días oí a un hombre sabio, que refería que Druilo fue el primero que venció en batalla naval, que Curio Dentado el primero que metió elefantes en el triunfo; aunque la noticia de estas cosas no mira a la gloria verdadera, tocan sus ejemplos en materias civiles; no siendo útil su conocimiento nos deleita con tira gustosa vanidad. Perdonemos también a los que inquieren cuál fue el primero que persuadió a los romanos a la navegación. Éste fue Claudio Candex, llamado así porque los antiguos llamaban candex a la trabazón de muchas tablas, y las tablas se llaman códices, y los navíos, que según la antigua costumbre portean los bastimentos, se llaman caudicatas. Permítase asimismo saber que Valerio Corvino fue el primero que sujetó a Mesina, y el primero que de la familia de los Valerios se llamó Mesana, tomando el nombre de la ciudad rendida, y que mudando el vulgo poco a poco las letras, se vino a llamar Mesala. ¿Permitirás, por ventura, el averiguar si fue Lucio Sila el primero que dio en el coso leones sueltos, habiendo sido costumbres hasta entonces darlos atados? ¿Y que el rey Boco envió flecheros que los matasen? Permítase también esto; pero ¿qué fruto tiene el saber que Pompeyo fue el primero que metió en el Coliseo dieciocho elefantes que peleasen en modo de batalla con los hombres delincuentes? El príncipe de la ciudad, y el mejor de los príncipes, como publica la fama, siendo de perfecta bondad, tuvo por fiestas dignas de memoria matar por nuevo modo los hombres. ¿Pelean? Poco es. ¿Despedázanse? Poco es; queden oprimidos con el grave peso de aquellos animales. Harto mejor fuera que semejantes cosas se olvidaran, por que no hubiera después algún hombre poderoso que aprendiera y envidiara tan inhumana vanidad.

XV

¡Oh, qué grande ceguera pone a los humanos entendimientos la grande felicidad! Juzgó aquel que entonces se empinaba sobre la naturaleza, cuando exponía tanta muchedumbre de miserables hombres a las bestias nacidas debajo de otros climas, cuando levantaba guerras entre tan desiguales animales; cuando derramaba mucha gente en la presencia del pueblo romano, a quien poco después había de forzar a que derramara mucha, y él mismo después, engañado por la maldad alejandrina, se entregó a la muerte por mano de un vil esclavo, conociéndose entonces la vana jactancia de su sobrenombre. Pero volviendo al punto de que me divertí, mostraré en otra materia la inútil diligencia de algunos. Contaba este mismo sabio que triunfando Metelo de los cartagineses, vencidos en Sicilia, fue solo entre los romanos el que llevó delante del carro ciento veinte elefantes cautivos. Que Sila fue el último de los romanos que extendió la ronda de los muros, no habiendo sido costumbre de los antiguos alargarla cuando se adquiría nuevo campo en la provincia, sino cuando se ganaba en Italia. El saber esto es de más provecho que averiguar si el monte Aventino está fuera de la ronda, como este mismo afirmaba, dando dos razones: o porque la plebe se retiró a él, o porque consultando Remo en aquel lugar los agüeros, no halló favorables las aves, diciendo otras innumerables cosas que, o son fingidas, o semejantes a ficciones; porque aunque les concedas escriban estas cosas con buena fe y con riesgo de su crédito, dime: ¿qué culpas se enmendarán con esta doctrina? ¿Qué deseos enfrena? ¿A quién hace más justo y más liberal? Solía decir nuestro Fabiano que dudaba si era mejor no ocuparse en algunos estudios o embarazarse en éstos. Solos aquellos gozan de quietud que se desocupan para admitir la sabiduría, y solos ellos son los que viven; porque no sólo aprovechan su tiempo, sino que le añaden todas las edades, haciendo propios suyos todos los años que han pasado; porque si no somos ingratos, es forzoso confesar que aquellos clarísimos inventores de las sagradas ciencias nacieron para nuestro bien y encaminaron nuestra vida: con trabajo ajeno somos adiestrados al conocimiento de cosas grandes, sacadas de las tinieblas a la luz. Ningún siglo nos es prohibido, a todos somos admitidos; y si con la grandeza de ánimo quisiéramos salir de los estrechos límites de la imbecilidad humana, habrá mucho tiempo en que poder espaciarnos. Podremos disputar con Sócrates, dificultar con Carnéades, aquietarnos con Epicuro, vencer con los estoicos la inclinación humana, adelantarla con los cínicos, y andar juntamente con la naturaleza en compañía de todas las edades. ¿Cómo, pues, en este breve y caduco tránsito del tiempo no nos entregamos de todo corazón en aquellas cosas que son inmensas y eternas y se comunican con los mejores? Estos que andan pasando de un oficio en otro, inquietando a sí y a los demás, cuando hayan llegado a lo último de su locura, y cuando hayan visitado cada día los umbrales de todos los ministros, y cuando hayan entrado por todas las puertas que hallaron abiertas, cuando hayan ido por diferentes casas, haciendo sus interesadas visitas, a cuantos podrán ver en tan inmensa ciudad, divertida en varios deseos; ¡qué de ellos encontrarán, cuyo sueño, cuya lujuria o cuya descortesía los desechen! ¡Cuántos que después de haberles tormentado con hacerles esperar, se les escapen con una fingida prisa! ¡Cuántos que, por no salir por los zaguanes, llenos de sus paniaguados, huirán por las secretas puertas falsas, como si no fuera mayor inhumanidad engañar que despedir! ¡Cuántos soñolientos y pesados con la embriaguez, contraída la noche antes con un arrogante bocezo, abriendo apenas los labios, pagarán a los miserables que perdieron su sueño por guardar el ajeno, las salutaciones infinitas veces repetidas! Solos aquellos, podemos decir, están detenidos en verdaderas ocupaciones, que se precian tener continuamente por amigos a Zenón, a Pitágoras, a Demócrito, a Aristóteles y Teofrastro, y los demás varones eminentes en las buenas ciencias. Ninguno de éstos estará ocupado, ninguno dejará de enviar más dichoso, y más amador de sí, al que viniere a comunicarlos; ninguno de ellos consentirá que los que comunicaren salgan con las manos vacías. Éstos a todas horas de día y de noche se dejan comunicar de todos; ninguno de ellos te forzará a la muerte, y todos ellos te enseñarán a morir. Ninguno hollará tus años, antes te contribuirán de los suyos. Ninguna conversación suya te será peligrosa; no será culpable su amistad ni costosa su veneración.

XVI

De su comunicación sacarás el fruto que quisieres, sin que por ellos quede el que consigas más cuanto más sacares. ¡Qué felicidad y qué honrada vejez espera al que se puso debajo de la protección de ésta! Tendrá con quien deliberar de las materias grandes y pequeñas, a quien consultar cada día en sus negocios, y de quien oír verdades sin injurias, y alabanzas sin adulación, y una idea cuya semejanza imite. Solemos decir que no estuvo en nuestra potestad elegir padres, habiéndonoslos dado la fortuna; con todo eso, habiendo tantas familias de nobilísimos ingenios, nos viene a ser lícito nacer a nuestro albedrío. Escoge a cuál de ellas quieres agregarte, que no sólo serás adoptado en el apellido, sino para gozar aquellos bienes que no se dan para guardarlos con malignidad y bajeza, siendo de calidad que se aumentan más cuando se reparten en más. Estas cosas te abrirán el camino para la eternidad, colocándote en aquella altura de la cual nadie será derribado. Sólo este medio hay con que extender la mortalidad, o para decirlo mejor, para convertirla en inmortalidad. Las honras y las memorias, y todo lo demás, que o por sus decretos dispuso la ambición, o levantó con fábricas, con mucha brevedad se deshace; no hay cosa que no destruya la vejez larga, consumiendo con más prisa lo que ella misma consagró. Sólo a la sabiduría es a quien no se puede hacer injuria; no la podrá borrar la edad presente, ni la disminuirá la futura, antes la que viene añadirá alguna parte de veneración; porque la envidia siempre hace su morada en lo cercano, y con más sinceridad nos admiramos de lo más remoto. Tiene, pues, la vida del sabio grande latitud, no la estrechan los términos que a la de los demás; él sólo es libre de las leyes humanas; sírvenle todas las edades como a Dios; comprende con la recordación el tiempo pasado, aprovechándose del presente, y dispone el futuro; con lo cual, la unión de todos los tiempos hace que sea larga su vida; siendo muy corta y llena de congojas la de aquellos que se olvidan de lo pasado, no cuidan de lo presente y temen lo futuro, y cuando llegan a sus postrimerías, conocen tarde los desdichados que estuvieron ocupados mucho tiempo en hacer lo que en sí es nada.

XVII

Y no tengas por suficiente argumento para probar que tuvieron larga vida, el haber algunas veces llamado a la muerte; atorméntalos su imprudencia con inconstantes afectos, que incurriendo en lo mismo que temen, desean muchas veces la muerte porque la temen. Tampoco es argumento para juzgar larga la vida el quejarse de que son largos los días y que van espaciosas las horas para llegar al tiempo señalado para el convite. Porque si tal vez los dejan sus ocupaciones, se abrasan en el descanso, sin saber cómo le desecharán o cómo lo aprovecharán; y así luego buscan alguna ocupación, teniendo por pesado el tiempo que están sin ella; sucediéndoles lo que a los que esperan el día destinado para los juegos gladiatorios, o para otro algún espectáculo o fiesta, que desean pasen a prisa los días intermedios, porque tienen por prolija la dilación que retarda lo que esperan para llegar a aquel tiempo, que al que le ama es breve y precipitado, haciéndose más breve por su culpa, porque sin tener consistencia en los deseos, pasan de una cosa en otra. A éstos no son largos, sino molestos los días; y al contrario, tienen por cortas las noches los que las pasan entre los lascivos abrazos de sus amigos o en la embriaguez, de que tuvo origen la locura de los poetas, que alentaron con fábulas las culpas de los hombres fingiendo que Júpiter, enviciado en el adulterio de Alcmena, había dado duplicadas horas a la noche. El hacer autores de los vicios a los dioses, ¿qué otra cosa es sino animar a ellos, y dar a la culpa una disculpable licencia con el ejemplo de la divinidad? A éstos, que tan caras compran las noches, ¿podrán dejar de parecerles cortísimas? Pierden el día esperando la noche, y la noche con el temor del día; y aun sus mismos deleites son temerosos y desasosegados con varios recelos, entrando en medio del gusto algún congojoso pensamiento de lo poco que dura. De este afecto nació el llorar los reyes su poderío, y sin que la grandeza de su fortuna los alegrase, les puso terror el fin que les esperaba. Extendiendo el insolentísimo rey de los persas sus ejércitos por largos espacios de tierras, sin poder comprender su número ni medida, derramó lágrimas considerando que dentro de cien años no había de haber vivo alguno de tan florida juventud, siendo el mismo que los llora el que les había de apresurar la muerte; y habiendo de consumir en breve tiempo a unos en tierra, y a otros en mar, a unos en batallas, a otros en huidas, ponía el temor en el centésimo año.

XVIII

Son, pues, sus gustos cargados de recelos, porque no estriban en fundamentos sólidos, y así, con la misma vanidad que les dio principio se deshacen. ¿Cuáles, pues, juzgarás son aquellos tiempos, aun por su misma confesión miserables, pues aun los en que se levantan, sobrepujando el ser de hombres, son poco serenos? Los mayores bienes son congojosos, y nunca se ha de dar menos crédito a la fortuna que cuando se muestra favorable. Para conservarnos en una buena dicha, necesitamos de otra y de hacer votos para que duren los buenos sucesos; porque todo lo que viene de mano de la fortuna es inestable, y lo que subió más alto está en mayor disposición de caída, sin que cause deleite lo que amenaza ruina: y así es forzoso que no sólo sea brevísima, sino miserable la vida de aquellos que con gran trabajo adquieren lo que con mayor han de poseer. Consiguen con su sudor lo que desean, y poseen con ansias lo que adquirieron con trabajo; y con esto no cuidan del tiempo, que pasando una vez, jamás ha de volver. A las antiguas ocupaciones sustituyen otras de nuevo; una esperanza despierta a otra, y una ambición a otra ambición; no se busca el fin de los trabajos, pero múdase la materia. Nuestras honras nos atormentan, pero más tiempo nos consumen las ajenas; acábase el trabajo de nuestra pretensión, y comenzamos el de las intercesiones. Dejamos la molestia de ser fiscales, y conseguimos la de ser jueces; acaba la judicatura, pasa a contador mayor; envejeció siendo mercenario procurador de haciendas ajenas, y hállase embarazado con la propia. Dejó a Mario la milicia, y ocupó el consulado. Solicita Quintio el huir de la dictadura, y sacarán para ella desde el arado. Irá Escipión a las guerras de África sin madura edad para tan gran empresa; volverá vencedor de Aníbal y de Antíoco, será honor de su consulado y fiador del de su hermano. Y si él no lo impidiere, le harán igual a Júpiter; y a éste que era el amparo de la patria acosaran civiles sediciones. Y al que supo en la juventud desechar los debidos honores, le deleitará en la vejez la ambición de un pertinaz destierro. Nunca han de faltar causas de cuidado, ora felices, ora infelices; con las ocupaciones se cierra la puerta a la quietud, deseándose siempre sin llegar a conseguirse.

XIX

Desvíate, pues, oh, clarísimo Paulino, del vulgo, y recógete a más seguro puerto, y no sea como arrojado por la vejez. Acuérdate de los mares que has navegado, las tormentas propias que has padecido y las que, siendo públicas, has hecho tuyas. Suficientes muestras ha dado tu virtud en inquietas y trabajosas ocasiones; experimenta ahora lo que hace en la quietud. Justo es que hayas dado a la República la mayor y mejor parte de la edad; toma también para ti alguna parte de tu tiempo. Y no te llamo a perezoso y holgazán descanso, ni para que sepultes tu buena inclinación en sueño ni en deleites estimados del vulgo; que eso no es aquietarse. Hallarás retirado y seguro ocupaciones más importantes de las que hasta ahora has tenido. Administrando tú las rentas del Imperio con moderación de ser ajenas, con la misma diligencia que si fueran propias y con la rectitud de ser públicas, consigues amor de un oficio en que no es pequeña hazaña evitar el odio. Pero créeme, que es más seguro el estar enterado de la cuenta de su vida, que de las del pósito del trigo público. Reduce a ti ese vigor de ánimo capacísimo de grandes cosas, y apártale de ese ministerio que, aunque es magnífico, no es apto para vida perfecta; y persuádete que tantos estudios como has tenido desde tu primera edad en las ciencias, no fueron a fin de que se entregasen a tu cuidado tantos millares de hanegas de trigo; de cosas mayores y más altas habías dado esperanzas. No faltarán para esa ocupación hombres de escogida capacidad y de cuidadosa diligencia. Para llevar cargas, más aptos son los tardos jumentos que los nobles caballos, cuya generosa ligereza, ¿quién hay que la oprima con paso grave? Piensa asimismo de cuánto fastidio sea el exponerte a tan grande cuidado. Tu ocupación es como los estómagos humanos, que ni admiten razón ni se mitigan con equidad, porque el pueblo hambriento no se aquieta con ruegos. Pocos días después que murió Cayo César (si es que en los difuntos hay algún sentido, llevando ásperamente el haber muerto quedando el pueblo romano en pie y con bastimentos para siete u ocho días, mientras jugando con las fuerzas del Imperio junta puentes a las naves, llegó a los cercados el último de los males, que es la falta de los bastimentos; y el querer imitar a un furioso rey extranjero con infelicidad soberbia, le hubo de costar la pérdida y la hambre, y lo que a ella se sigue, que es la ruina de todas las cosas. ¿Qué pensamiento tendrían entonces aquellos a quien estaba encomendada la provisión del trigo público, esperando recibir hierro, piedras, fuego y espadas? Encerraban con suma disimulación, y no sin causa, en sus pechos tantos encubiertos males, por haber muchas enfermedades que se han de curar ignorándolas los enfermos, habiendo habido muchos a quien el conocer su enfermedad fue causa de su muerte.

XX

Recógete a estas cosas, más tranquilas, más seguras y mayores. ¿Piensas que es igual ocupación cuidar que el trigo se eche en los graneros, sin que la fraude o negligencia de los que le portean le hayan maleado, atendiendo a que con la humedad no se dañe o escaliente, para que responda al peso y medida?, ¿o el llegarte a estas cosas sagradas y sublimes, habiendo de alcanzar con ellas la naturaleza de los dioses? ¿Y qué deleite, qué estado, qué fortuna, qué suceso espera tu alma, y en qué lugar nos ha de poner la naturaleza cuando estemos apartados de los cuerpos? ¿Qué cosa sea la que sustenta todas las cosas pesadas del mundo, levantando al fuego a lo alto, moviendo en su curso las estrellas, con otras mil llenas de maravillas? ¿Quieres tú, dejando lo terreno, mirar con el entendimiento éstas superiores? Ahora, pues, mientras la sangre está caliente, los vigorosos han de caminar a lo mejor. En este género de vida te espera mucha parte de las buenas ciencias, el amor y ejercicio de la virtud, el olvido de los deleites, el arte de vivir y morir y, finalmente, un soberano descanso. El estado de todos los ocupados es miserable; pero el de aquellos que aún no son suyas las ocupaciones en que trabajan, es miserabilísimo; duermen por sueño ajeno, andan con ajenos pasos, comen con ajena gana; hasta el amar y aborrecer, que son acciones tan libres, lo hacen mandados. Si éstos quisieren averiguar cuán breve es su vida, consideren qué parte ha sido suya. Cuando veas, pues, a los que van pasando de una a otra judicatura, ganando opinión en los tribunales, no les envidies; todo eso se adquiere para pérdida de la vida; y para que sólo se cuente el año de su consulado, destruirán todos sus años. A muchos desamparó la edad mientras trepando a la cumbre de la ambición luchaban con los principios; a otros, después de haber arribado por mil indignidades a las dignidades supremas, les llega un miserable desengaño de que todo lo que han trabajado ha sido para el epitafio del sepulcro. A otros desamparó la cansada vejez, mientras como juventud se dispone entre graves y perversos intentos para nuevas esperanzas.

XXI

Torpe es aquel a quien, estando en edad mayor, coge la muerte ocupado en negocios de no conocidos litigantes, procurando las lisonjas del ignorante vulgo; y torpe aquel que, antes cansado de vivir que de trabajar, murió entre sus ocupaciones. Torpe el enfermo de quien, por verle ocupado en sus cuentas, se ríe el ambicioso heredero. No puedo dejar un ejemplo que me ocurre. Hubo un viejo, llamado Turanio, de puntual diligencia; y habiéndole Cayo César jubilado en oficio de procurador sin haberlo él pedido, por ser de más de noventa años, se mandó echar en la cama y que su familia le llorase como a muerto. Lloraba, pues, toda la casa el descanso de su viejo dueño, y no cesó la tristeza hasta que se le restituyó aquel su trabajo: tanto se estima el morir en ocupación. Muchos hay de esta opinión, durando en ellos más el deseo que la potencia: para trabajar pelean con la imbecilidad de su cuerpo, sin condenar por pesada a la vejez por otro algún título más de por que los aparta del trabajo. La ley no compele al soldado en pasando de cincuenta años, ni llama al senador en llegando a sesenta. Más dificultosamente alcanzan los hombres de si mismos el descanso que de la ley; y mientras que son llevados o llevan a otros, y unos a otros se roban la quietud, haciendo los unos a los otros alternadamente miserables, pasan una vida sin fruto, sin gusto y sin ningún aprovechamiento del ánimo. Ninguno pone los ojos en la muerte; todos alargan las esperanzas, y algunos disponen también lo que es para después de la vida grandes máquinas de sepulcros, epitafios en obras públicas, ambiciosas dotaciones para sus exequias. Ten por cierto que las muertes de éstos se pueden reducir a hachas y cirios, como entierro de niños.